A ética

A ética

Franklin Leopoldo e Silva

Joel Gracioso

FILOSOFIAS: O PRAZER DO PENSAR
Coleção dirigida por
Marilena Chaui e Juvenal Savian Filho

wmf **martinsfontes**
São Paulo 2019

Copyright © 2019, Editora WMF Martins Fontes Ltda.,
São Paulo, para a presente edição.

1ª. edição *2019*

Edição de texto
Juvenal Savian Filho
Acompanhamento editorial
Helena Guimarães Bittencourt
Revisões gráficas
Letícia Braun
Ana Caperuto
Edição de arte
Katia Harumi Terasaka
Produção gráfica
Geraldo Alves
Paginação
Moacir Katsumi Matsusaki

Dados Internacionais de Catalogação na Publicação (CIP)
(Câmara Brasileira do Livro, SP, Brasil)

Silva, Franklin Leopoldo e
A ética / Franklin Leopoldo e Silva, Joel Gracioso. – São Paulo : Editora WMF Martins Fontes, 2019. – (Filosofias : o prazer do pensar / dirigida por Marilena Chaui e Juvenal Savian Filho)

ISBN 978-85-469-0176-0

1. Dialética 2. Filosofia I. Gracioso, Joel II.Chaui, Marilena. III. Savian Filho, Juvenal. IV. Título.V. Série.

17-06804   CDD-170

Índices para catálogo sistemático:
1. Ética : Filosofia   170

Todos os direitos desta edição reservados à
Editora WMF Martins Fontes Ltda.
Rua Prof. Laerte Ramos de Carvalho, 133   01325-030   São Paulo SP Brasil
Tel. (11) 3293-8150   e-mail: info@wmfmartinsfontes.com.br
http://www.wmfmartinsfontes.com.br

SUMÁRIO

Apresentação • 7
Introdução • 9

1 Aristóteles e a Ética como ciência prática • 23
2 Tomás de Aquino e a ética filosófico-religiosa • 37
3 Immanuel Kant e os fundamentos de uma ética universal e laica • 52
4 Conclusão • 63

Ouvindo os textos • 67
Exercitando a reflexão • 82
Dicas de viagem • 84
Leituras recomendadas • 86

APRESENTAÇÃO
Marilena Chaui e Juvenal Savian Filho

O exercício do pensamento é algo muito prazeroso, e é com essa convicção que convidamos você a viajar conosco pelas reflexões de cada um dos volumes da coleção *Filosofias: o prazer do pensar*.

Atualmente, fala-se sempre que os exercícios físicos dão muito prazer. Quando o corpo está bem treinado, ele não apenas se sente bem com os exercícios, mas tem necessidade de continuar a repeti-los sempre. Nossa experiência é a mesma com o pensamento: uma vez habituados a refletir, nossa mente tem prazer em exercitar-se e quer expandir-se sempre mais. E com a vantagem de que o pensamento não é apenas uma atividade mental, mas envolve também o corpo. É o ser humano inteiro que reflete e tem o prazer do pensamento!

Essa é a experiência que desejamos partilhar com nossos leitores. Cada um dos volumes desta coleção foi concebido para auxiliá-lo a exercitar o seu pensar. Os temas foram cuidadosamente selecionados para abordar os tópicos mais importantes da reflexão filosófica atual, sempre conectados com a história do pensamento.

Assim, a coleção destina-se tanto àqueles que desejam iniciar-se nos caminhos das diferentes filosofias como àqueles que já estão habituados a eles e querem continuar o exercício da reflexão. E falamos de "filosofias", no plural, pois não há apenas uma forma de pensamento. Pelo contrário, há um caleidoscópio de cores filosóficas muito diferentes e intensas.

Ao mesmo tempo, esses volumes são também um material rico para o uso de professores e estudantes de Filosofia, pois estão inteiramente de acordo com as orientações curriculares do Ministério da Educação para o Ensino Médio e com as expectativas dos cursos básicos de Filosofia para as faculdades brasileiras. Os autores são especialistas reconhecidos em suas áreas, criativos e perspicazes, inteiramente preparados para os objetivos dessa viagem pelo país multifacetado das filosofias.

Seja bem-vindo e boa viagem!

INTRODUÇÃO

O que é o bem? O que é o mal? Qual o bem a ser buscado por intermédio das nossas ações? A partir do que é possível classificar um ato humano como bom ou ruim? O que são virtudes e vícios? Existem princípios e valores universais? Qual o fundamento deles? Não teriam as noções de bem e de mal uma origem meramente histórica e cultural? O que é a Ética?

Essas são algumas das perguntas que levaremos em consideração neste livro.

Quando analisamos as muitas facetas da experiência humana, vemos constantemente pessoas emitirem juízos de valor e juízos morais sobre a própria conduta e sobre a conduta dos outros. Nossas atitudes são aprovadas ou reprovadas do ponto de vista não só legal ou jurídico, mas também moral.

Com efeito, nós, seres humanos, vivenciamos a experiência moral cotidianamente. Certos atos que presenciamos despertam em nós um sentimento de estima e aprovação. Outros, porém, suscitam em nós uma reação de reprovação e mesmo de repulsa. Ainda, experimentamos satisfação ou constrangimento interior em relação aos nossos próprios atos, como se existisse algo em nós que aprovasse ou censurasse a nossa conduta e as nossas intenções.

Ademais, é muito comum vermos nos meios de comunicação a tese de que estamos passando por uma crise ética, principalmente no âmbito da atividade política. O desrespeito à dignidade humana, a corrupção e a indiferença em relação ao bem comum, além de questões ligadas ao meio ambiente, exigem uma resposta que leve em consideração a dimensão valorativa desses problemas, quer dizer, a sua ligação com valores morais, para além do aspecto jurídico ou legal.

Tais questões parecem só ter sentido no mundo humano, pois apenas os seres humanos realizam atos livres e conscientes. Como se costuma dizer em Filosofia, não há moralidade na Natureza. Os atributos da consciência e da liberdade são típicos dos seres humanos, motivo pelo qual eles podem responder por seus atos.

Em outras palavras, os atos propriamente humanos podem ser imputados às pessoas que os praticam. Isso não quer dizer que não haja nenhuma percepção do que é bom e do que é mau (útil/danoso, benéfico/nocivo, atrativo/repulsivo) por parte dos animais não racionais. Ao contrário, desde longa data já se observou algo semelhante a essa capacidade perceptiva nos animais. Na Idade Média, por exemplo, alguns filósofos chamavam de *estimativa* a capacidade instintiva de distinguir entre o que é benéfico e o que é nocivo; em nossos dias, a atenção ao modo animal de existir tem sido sempre mais refinada. No entanto, a capacidade de refletir sobre as coisas e as experiências, valorando-as (quer dizer, identificando nelas um valor positivo ou negativo) e exprimindo os valores nelas identificados, parece restringir-se aos humanos. Os humanos são "capazes de ética".

A palavra *ética* deriva do vocábulo grego *éthos*, que significa, aproximadamente, o modo pelo qual o ser humano habita seu mundo. No caso dos animais e das plantas, esse modo é regulado pela Natureza: dizemos que esses seres vivos inserem-se por meio de disposições físico-naturais no meio em que vivem. O ser humano, por sua vez, também é dotado de tais disposições físico-naturais, mas pode interferir nelas, modificá-las e até superá-las. Isso significa que, em certa medida, o ser humano constrói o seu mundo e é responsável por ele. Na realidade, a ação humana não se trata apenas de uma "interferência" na Natureza, mas, sobretudo, da maneira especificamente humana de existir: é natural, para o ser humano, existir como um ser que pode dispor de sua condição físico-natural e dar-lhe um sentido que vai além do simples condicionamento biológico. Se adotarmos a linguagem de alguns autores modernos, chamando o ser humano de um "ser de Cultura" ou de "ser cultural", então podemos dizer que, para o ser humano, é natural produzir Cultura.

Com as descobertas da Etnografia, é correto dizer que mesmo algumas comunidades de animais não racionais também têm traços de Cultura. Mas parece correto afirmar que a espécie humana dá um salto qualitativo em relação às outras espécies: apenas os humanos refletem, valoram, exprimem os valores e podem assumir a responsabilidade por suas ações. Em outros termos, apenas os seres humanos produzem conscientemente (e não apenas instintivamente) o seu modo de habitar o mundo. Numa palavra, apenas os seres humanos existem *eticamente*.

Entre os pensadores romanos antigos, tornou-se costume traduzir o termo grego *éthos* por *mos*, que significa *hábito* ou *costume*. Essa tradução é bastante significativa, pois, sendo também evidentemente uma interpretação, ela explicita que a vida ética consiste num conjunto de hábitos ou costumes que se formam a partir de disposições naturais, mas que implicam uma enorme variedade de outros fatores, tais como a educação, a vida social, a comunidade, a época histórica, as condições político-econômicas etc.

Essas variações e ajustes no vocabulário demonstram que desde os primórdios do pensamento filosófico o agir humano foi objeto de reflexão, pois a pergunta sobre como devemos viver sempre acompanhou os questionamentos dos filósofos. Com efeito, quando percorremos a história do pensamento, deparamos com uma mudança significativa que ocorreu por volta do século IV a.C. e cujo protagonista foi Sócrates (c. 469-399 a.C.). Com esse pensador a Filosofia deixou de se ocupar primordialmente dos aspectos físicos e cosmológicos do mundo (buscando os princípios elementares do Universo e a sua organização, com vistas à compreensão da origem e da ordem da realidade), para abordar de modo preferencial os aspectos antropológicos, isto é, tudo que diz respeito propriamente ao ser humano, com o objetivo de explicar principalmente a natureza do conhecimento e da ação humana. Não é à toa que Sócrates é considerado o patrono da Filosofia e o modelo do filosofar, embora ele não tenha sido o primeiro dos pensadores: isso indica que as preocupações éticas e políticas que o absorveram e pelas quais deu sua vida marcaram profundamente o perfil da reflexão filosófica nos rumos que ela tomou desde então. Mesmo quando o pensamento filosófico posterior se diversificou e incorporou outros temas, a Ética e a Política permaneceram como questões centrais e objeto de grandes discussões.

A preocupação ético-política certamente deriva do fato de que o conhecimento que o ser humano pode atingir acerca de si mesmo e o modo como pode utilizá-lo para moldar sua conduta nos planos individual e coletivo são aquilo que em grande parte justifica os esforços do pensamento e o lugar elevado que essa tarefa já ocupou entre as atividades humanas.

O lema adotado por Sócrates para orientar a Filosofia foi "Conhece-te a ti mesmo", o que significa que não deveria haver, para o ser humano, meta mais importante do que a compreensão do que ele *é*, daquilo que *pode* fazer e do modo como *deve* agir. Esse conjunto de preocupações abrange a vida individual e a vida coletiva, isto é, a dimensão da existência pessoal e a atuação na esfera pública, e a Ética e a Política estão igualmente presentes em ambas. Essa conjunção se explica pelo fato de que Sócrates – assim como os gregos de seu tempo – não concebia que um indivíduo pudesse existir separadamente da comunidade de que fazia parte (no caso grego, a cidade-Estado, tal como a Atenas em que viveu o filósofo). Em outras palavras, o indivíduo só podia definir-se como cidadão na medida em que integrava uma comunidade política, uma cidade por cujo destino ele era diretamente responsável.

Essa relação estreita entre indivíduo e comunidade, ou entre cidadão e cidade, constituía para os gregos a *democracia*. Embora bastante distinta das formas de democracia que hoje conhecemos (pois, longe de ser universal, ela incluía apenas uma pequena parte dos habitantes da cidade, aqueles que preenchiam os requisitos de cidadania: ser homem adulto e livre, excluindo-se, portanto, as mulheres, as crianças e os estrangeiros), a democracia grega legou às formas posteriores de vida democrática algumas características essenciais. Entre tais características, uma delas – talvez a mais fundamental – era a total *isonomia* nas deliberações políticas, entendendo-se por "política", aqui, todos os assuntos relativos à vida em comum na cidade. Ao mesmo tempo, assegurava-se a todos os cidadãos o direito à palavra, considerada instrumento de ação política, a todos igualmente facultado.

Foi nesse contexto que Sócrates veio questionar o sentido da ação e os vínculos entre a prática e a teoria, por entender que a atividade humana somente adquire coerência quando derivada do conhecimento da verdade referida a todos os assuntos que estiverem em pauta. Em outras palavras, Sócrates propôs que somente a *verdade* da política e a *verdade* da virtude da justiça – e não as opiniões eventualmente formadas sobre estes e outros assuntos – deveriam orientar as discussões e as ações que daí decorressem. A responsabilidade ética e política de cada um para consigo e para com a comunidade só poderia ser autenticamente assumida a partir do conhecimento da verdade.

Assim se estabelece uma relação íntima entre três *valores*: ética, política e verdade. Esse vínculo permite, segundo Sócrates, que indivíduo e comunidade venham a alcançar o objetivo final da felicidade individual e coletiva. Era, sem dúvida, a esse desígnio que se deveriam subordinar os esforços humanos. Assim, mesmo em discordância com seus contemporâneos quanto a algumas práticas sociais, Sócrates ainda perseguia basicamente o mesmo objetivo que orientava a vida política de então, entendendo que esse objetivo seria mais bem alcançado se os meios para o atingir fossem aprimorados por via do conhecimento e da sabedoria. Isso significa que, por mais que se enalteçam a autonomia do indivíduo e sua capacidade de chegar individualmente à verdade, ele continuará dependendo da cidade, pois o indivíduo não pode se realizar fora da comunidade.

Em que pese a figura de Sócrates como modelo fundador da reflexão ética, a temática do agir humano foi abordada de maneiras muito diferentes ao longo da História da Filosofia, resultando em teorias éticas distintas. Alguns pensadores elaboraram uma ética de caráter teleológico, quer dizer, salientaram a importância tanto da noção de Bem quanto da de fim último (*télos*). A qualidade moral do ato estaria intimamente relacionada à intenção e ao fim almejado pela ação. Outros, por sua vez, elaboraram uma ética de caráter deontológico, ou seja, frisaram a noção de dever e, com ela, a ideia de que o valor moral do ato depende da conformidade deste com os deveres reconhecidos.

Outras questões, porém, surgem no horizonte filosófico, sobretudo nos tempos atuais: até que ponto é possível fazer uma leitura filosófica do agir humano? Convém falar de uma ética fundada em algo universal e necessário ou convém defender um relativismo ético?

Diferentes pensadores entendem que há um condicionamento total do agir por parte daquilo que as pessoas conhecem e vivem. Assim, a posição do indivíduo, sua situação e momento condicionam e determinam totalmente o modo como ele vê e concebe a realidade. O indivíduo, como um ser que sempre se encontra em uma circunstância determinada, não conseguiria transcender essa particularidade e seria inteiramente condicionado por ela. A única coisa que poderia expressar é sua impressão sobre o que observa, sua opinião, enfim aquilo que considera verdadeiro e certo a partir de sua perspectiva. Outros pensadores, no entanto, identificam, por trás dos condicionamentos a que estão inquestionavelmente submetidos todos os seres humanos, a presença de algo como um polo que atrai de modo absoluto os indivíduos: algo como o polo da felicidade ou do Bem, o qual, como que "magnetizando" as ações humanas, permanece anterior a todas as variações culturais, sociais, econômicas, políticas etc. Dessa perspectiva, todos os seres humanos, independentemente de sua situação histórica, desejariam ser felizes e desejariam o Bem (até mesmo quando praticam ações más). As diferenças nas visões filosóficas só confirmam a problemática: até que ponto é possível fazer uma leitura filosófica da ação humana ou ética? O que permitiria considerar determinada ética melhor do que outra?

Esse debate é de extrema atualidade e complexidade. Uma das formas de preparar os leitores para enfrentá-lo seria encará-lo de frente, fazendo algo como uma metafilosofia da reflexão ética ou uma metaética. Mas a tarefa seria árdua demais e exigiria dados técnicos que não cabem nos limites deste livro. Outra forma, porém, é revisitar alguns autores clássicos que estão nas bases das diferentes visões éticas desenvolvidas pela filosofia ocidental. Além de mais didática, essa segunda forma é mais acessível, e mesmo mais agradável, para os leitores iniciantes. É por ela, então, que optamos. Vamos nos concentrar em três dos mais influentes pensadores da história filosófica da Ética: Aristóteles (384-322 a.C.), Tomás de Aquino (1225-1274) e Immanuel Kant (1727-1804).

O caminho que percorreremos neste livro tem um contorno que é dado por algo que vivemos com agudeza no mundo atual: a elaboração de heranças vindas da tradição filosófica grega e religiosa-medieval, na tentativa de elaborar um saber ético laico e válido para a convivência republicana, na qual as pessoas merecem ser tratadas com total respeito, por sua dignidade inegociável. Daí a escolha dos três autores: Aristóteles representa o pensamento ético grego; Tomás de Aquino, o pensamento ético religioso-medieval; Kant, o pensamento ético moderno e laico.

Certamente a reflexão ético-filosófica tomou muitos outros caminhos depois desses três autores. Na contemporaneidade, os debates éticos são candentes em Filosofia. No entanto, Aristóteles, Tomás de Aquino e Kant permanecem como referências incontornáveis para todo trabalho de pensar o sentido do agir livre e responsável.

1. Aristóteles e a Ética como ciência prática

Entre os pensadores antigos, Aristóteles, fundador da segunda maior escola filosófica grega, o Liceu, dizia que a análise da conduta ética deveria levar em consideração a impossibilidade de abordar tal problemática de modo meramente sistemático, razão pela qual não colocava a Ética entre as "ciências demonstrativas", mas do lado do *saber prático* ou da *ciência prática*, junto com a Política (aliás, neste livro, escreveremos Ética e Política com iniciais maiúsculas para nos referirmos aos saberes constituídos ou reflexões universais sobre a ética e a política entendidas como atividades).

Essa diferença é importante porque leva a colocar como eixo da conduta e dos julgamentos éticos não a precisão teórica, mas o *discernimento* prático. Escolhemos entre o bem e o mal e julgamos as escolhas alheias por meio desse discernimento, isto é, de uma avaliação que é bastante diferente do procedimento teórico. Assim, quando dizemos que, de acordo com Aristóteles, a conduta ética é uma vida conforme à razão, prerrogativa que define o ser humano, queremos nos referir a uma racionalidade prática e a normas muito distintas dos princípios que governam as ciências (por exemplo, axiomas e regras matemáticas).

O teor "menos exato" da Ética certamente se relaciona com os hábitos e costumes que regem a conduta e funcionam como regras num sentido distinto das regras científicas. Os procedimentos pelos quais pautamos nossa vida de acordo com "a justa razão" são as virtudes. Para entender o que é a virtude, devemos partir de uma consideração geral acerca do acordo que deve haver, em tudo que existe, entre o modo de vida e a finalidade ou o propósito do ser vivente. Uma árvore realiza a sua finalidade na medida em que seu modo de existir é pautado pela finalidade de ser, integralmente, uma árvore. Assim, também, o ser humano deve manifestar o acordo entre o modo de vida e o propósito que orienta a sua vida.

A diferença é que, no caso da árvore, isso ocorre naturalmente e, no caso do ser humano, é pela prática da virtude que ele estabelece tal coerência. A virtude é, pois, a maneira pela qual o ser humano busca atingir a plenitude de seu ser, isto é, busca realizar o propósito inerente à sua natureza. A liberdade que caracteriza o ser humano permite que ele realize sua natureza incluindo a busca consciente do propósito que deve ter a sua vida. Essa mesma liberdade faz com que ele escolha realizar seu propósito por meio da virtude. A virtude, assim, como prática livremente estabelecida, só existe no caso do ser humano, razão pela qual apreciamos e louvamos os indivíduos virtuosos.

As virtudes, de acordo com a análise aristotélica, se dividem em virtudes *dianoéticas* ou intelectuais e virtudes *éticas*. Quando louvamos alguém pela sabedoria ou pelo entendimento, referimo-nos às virtudes intelectuais; quando admiramos um indivíduo pela sua coragem ou generosidade, apreciamos as suas virtudes éticas. Mas as duas espécies de virtude tendem a convergir: um indivíduo sábio e prudente tenderá a ser também generoso e justo. Como as virtudes são, ao mesmo tempo, derivadas de disposições naturais e adquiridas pelo hábito, cabe explicar o papel que cada uma dessas instâncias desempenha.

Aristóteles não acredita que qualquer virtude possa ser descrita como totalmente inata; se assim fosse, a interferência do hábito não poderia aprimorá-la nem enfraquecê-la. No entanto, é isso o que acontece. À disposição natural se acrescentam outras causas que contribuem para o desenvolvimento da virtude e que correspondem a quase todos os aspectos da vida individual e coletiva. Assim, o indivíduo formado num meio propício desenvolverá como hábito aquelas virtudes que já possui como disposições naturais. A Natureza, por si mesma, não nos confere virtudes nem nos impede de adquiri-las; o que a Natureza nos fornece é a capacidade de desenvolver virtudes. Se essa capacidade for reforçada pela educação e pelo meio, o indivíduo terá uma formação virtuosa. Se esses fatores foram desestimulantes, ele não desenvolverá as virtudes.

Isso nos indica a importância da *prática* e da *comunidade política* no desenvolvimento das virtudes. Como não se trata de *teoria*, a posição do indivíduo perante a ética não é a de conhecimento puro ou de contemplação da verdade, mas a posição de agente, que é a característica do sujeito moral. O objetivo em relação à virtude não é conhecer, e sim praticar. Portanto, o único meio de construir a virtude é o seu exercício. Aliás, Aristóteles faz uma analogia entre a virtude e a *tékhne* (as artes e os ofícios): assim como a única forma de se tornar construtor é construindo, e a única forma de se tornar pintor é pintando, assim também a única maneira de se tornar virtuoso é exercendo a virtude. Com isso fica claramente estabelecido que a virtude é algo do domínio da *ação*.

Por outro lado, assim como o indivíduo se tornará arquiteto ou pintor no contato com outros que já exercem esses ofícios, observando-os e convivendo com eles, assim também o indivíduo se tornará virtuoso no contato e na convivência com outros, isto é, na comunidade. Pois, assim como há mestres com os quais o artesão aprenderá a sua técnica, assim também é na relação com os outros membros da comunidade que o indivíduo desenvolverá as suas virtudes. Ninguém nasce bom ou mau arquiteto, mas se torna um ou outro conforme o tipo de relação que estabelecer com os demais; analogamente, ninguém nasce honesto ou desonesto, mas se torna tal ou qual a partir das relações estabelecidas com os outros – ou a partir do modo como viverá em comunidade. A capacidade e as disposições naturais são como o potencial a ser atualizado pelas circunstâncias e situações.

Sendo a virtude o meio para viver conforme à "justa razão" ou à "racionalidade na medida certa", a prática da virtude deverá obedecer à *justa medida*. O discernimento serve para estabelecer esse parâmetro. Assim, se há duas formas de cair na *desmedida*, quais sejam, a falta e o exagero, então a virtude se colocará sempre *entre* os dois extremos, que são a ausência e a demasia em relação às qualidades morais. Por exemplo, uma virtude é a coragem na boa medida, pois falta de coragem é covardia e excesso de coragem é temeridade; outra virtude é a generosidade, pois sua ausência é usura ou egoísmo e seu excesso é ser perdulário. Em suma, a justa razão ética é a justa medida na prática da virtude. Trata-se sempre de *prática* ou *práxis*, porque esse justo meio não pode ser estabelecido teoricamente e demonstrado de forma necessária e definitiva. O discernimento deve operar uma avaliação das variáveis e das contingências presentes nas situações determinadas, para, desse procedimento prático, fazer sobressair a justa medida. O sábio (no sentido de *prudente*) é aquele que em cada caso é capaz de conhecer praticamente a justa medida.

Note-se como a *justiça* é uma espécie de virtude de todas as virtudes. Pois, se a aferição do que é *justo* não estiver presente em cada caso, não haverá virtude. A justiça consiste, portanto, no *ajustamento* da prática aos critérios de medida – algo que somente pode ocorrer no contexto do exercício constante da virtude. A racionalidade prática é responsável por esse ajuste e, consequentemente, pela *justificação* da virtude. Assim como o comportamento covarde não é eticamente justificável, também a temeridade não se justifica como conduta ética. Essas características mostram que a virtude é *racional*, embora não possa ser considerada no plano da racionalidade estritamente teórica. Isso nos alerta ainda para a relevância do contexto da *ação*.

Retomando a analogia já mencionada, assim como o mau arquiteto se mostrará como tal ao *construir* de forma inadequada e contrária aos critérios da boa prática, assim também o indivíduo não virtuoso manifestará essa condição ao *agir* contrariamente às normas da virtude. Assim como não é possível designar alguém como um mau artesão antes de observar os produtos da sua arte, assim também a virtude e o vício só aparecem no universo da ação ou no contexto da prática humana. Esse é um traço marcante do anti-intelectualismo de Aristóteles na Ética: tanto a conduta quanto os juízos que sobre ela se podem emitir estão no registro da prática.

O indivíduo que pauta suas ações pelo justo meio é *temperante*: como a temperança é a equidistância dos extremos, ela equivale à sabedoria prática. Aristóteles não professa um dualismo radical, em que o sinal da virtude seria a completa recusa de todos os bens materiais e prazeres. A condição humana exige que também a eles se aplique a justa medida ou o uso temperante do que se refere ao corpo e à matéria. Saúde, riqueza, atendimento às solicitações do corpo são condições presentes no exercício da virtude. Saber discernir a medida segundo a qual tais elementos devem fazer parte da vida é um sinal de temperança; repudiá-los completamente é colocar obstáculos à consecução dos fins para os quais eles são meios. Tanto o excesso quanto o déficit produzem efeitos destrutivos em relação à virtude.

Isso nos leva aos referenciais éticos mais gerais, que são o *prazer* e a *dor*. É natural ao ser humano procurar o prazer e evitar a dor. Não há como superar essa disposição que está em nós desde o nascimento e que necessariamente exerce influência sobre a conduta. Para Aristóteles, é tão natural ao ser humano almejar o saber quanto desejar a felicidade. Esta pode ser definida como um estado de equilíbrio, alcançado pela prática das virtudes como justo meio entre os extremos. Para alcançar essa meta, contamos com a *vontade* e a *escolha*. O indivíduo *deseja* a felicidade e *escolhe* os meios que seu discernimento lhe apresenta como os mais apropriados para atingi-la. Nesse sentido, tudo aquilo que é desejado, e que são os *bens* a serem obtidos, submete-se à diferença entre meios e fins. É preciso discernir entre os bens que são meios e aqueles que são fins. Por *fins* designamos tudo aquilo que promove a integridade do ser humano, isto é, que o realiza essencialmente. Nesse sentido, há uma hierarquia segundo a qual os fins *transcendem* os meios, isto é, as finalidades situam-se num patamar superior aos meios para atingi-las. Essa diferença envolve o risco de se tomar os meios pelos fins, o que faria com que o indivíduo se apegasse a *bens* que se definem como relativos (aos fins) como se fossem os próprios fins.

Essa diferença faz com que Aristóteles mantenha, no topo da hierarquia dos bens, o Bem em sentido supremo, do qual o sábio pode se aproximar por via de um longo exercício da vontade orientada pela sabedoria prática. O Bem é objeto de contemplação – e nisso Aristóteles acompanha a concepção de seu mestre, Platão. Com isso, podemos observar que o realismo aristotélico, presente tanto nos critérios de conhecimento teórico quanto no balizamento das escolhas práticas, não exclui a transcendência como fim em última instância. Alcançar esse Bem é a mais elevada realização da liberdade, porque significa que as escolhas práticas obedeceram efetivamente à diferença e à hierarquia entre meios e fins. A variedade ou a multiplicidade de bens, que não pode ser desprezada, compatibiliza-se assim com a unidade do Bem, aquele que desejamos por ele mesmo e não em vista de outra coisa. Essa diferença é essencial para que o indivíduo não se perca em meio à dispersão dos bens relativos, deixando de focalizar, como finalidade última, o Bem absoluto.

Além disso, como a vida ética se realiza em sociedade, a Ética não pode ser separada da Política. O homem alcança seus fins, inclusive o fim supremo, vivendo em comunidade. A comunidade é, portanto, um meio para alcançar fins, mas um meio de natureza especial, porque o ser humano não pode dispensá-lo. Nesse sentido, a presença dos outros, na forma da relação política, é elemento constitutivo da vida de qualquer indivíduo; a virtude é *também* de natureza social. Há um sentido coletivo na prática humana, que consiste na interdependência dos indivíduos e que os leva à realização das finalidades humanas. Por isso, a vida política, concretamente experimentada num regime político, é o contexto necessário da realização ética. Aristóteles não faz opção por um regime político determinado, nem esboça uma sociedade perfeita, como fizera Platão. Para ele, o critério principal não é o regime em si mesmo, mas a orientação para o bem comum, que deve estar presente na forma de governo vigente.

Como as sociedades humanas são circunstancialmente diversificadas, não cabe prescrever um regime político determinado para todas, mas avaliar, em cada caso, qual a forma de organização social mais compatível com uma coletividade, tendo em vista sua história, seus usos e costumes. Mas qualquer que seja o regime, o bem comum deve ser considerado o critério de julgamento pelo qual diferenciamos o regime político sadio daqueles que Aristóteles chama de regimes políticos aberrantes. A monarquia, que é o governo de um só, pode ser um regime sadio, mas pode se tornar aberrante se degenerar em tirania quando o monarca governa guiado apenas pelos seus próprios interesses e não pelo interesse comum. Da mesma forma, a democracia, que é a partilha do Poder entre os cidadãos quando se trata de um regime sadio, pode se tornar aberrante quando um grupo majoritário se serve dessa forma de governo para oprimir os demais, ou quando a isonomia (a igualdade na distribuição do Poder) degenera em anarquia. Na concepção da vida política, portanto, Aristóteles também procura compatibilizar a *multiplicidade* dos regimes possíveis com a unidade de um critério de valor, o bem comum como determinante do *melhor* regime. Em princípio, não é possível definir qual seria o melhor regime: a monarquia, a aristocracia ou a democracia; de outro lado, é possível julgar qual é o melhor regime: é aquele que promove o bem comum por meio do estabelecimento de um equilíbrio de interesses entre os indivíduos, os grupos e as classes que formam a cidade.

Dessa maneira, Aristóteles procura compatibilizar a prática individual da virtude com a vida em sociedade. Há uma relação intrínseca entre esses dois elementos, de tal modo que seria impossível dizer qual deve predominar. Como o indivíduo aprende a ser virtuoso, ele o será tanto mais quanto a sociedade em que vive contribuir para *formar* esse indivíduo na prática da virtude. A virtude se define sem dúvida pelo mérito individual, mas a aquisição e o desenvolvimento das qualidades que manifestam tal mérito têm muito a ver com a vida comunitária e a organização da sociedade. Assim, por exemplo, o sábio ou aquele que atinge o mais elevado grau no exercício da virtude desfrutará, como indivíduo singular, da contemplação do Bem, mas terá chegado a esse ponto por meio de um aprimoramento ético que é devido, em grande parte, à organização da cidade, ela mesma já, de alguma maneira, dirigida para o Bem. Ou seja, há uma relação real entre a contemplação individual do Bem e a realização do bem comum, pois é numa sociedade organizada em função do bem comum que se torna possível a realização ética do indivíduo.

A Ética de Aristóteles não impõe, portanto, uma escolha entre indivíduo e sociedade. O indivíduo existe em função da comunidade e a comunidade, em função do indivíduo. Quando se mantém harmonia nessa relação, o indivíduo será virtuoso; e a sociedade, virtuosa. A individualidade não é um valor em si que possa ser considerado isoladamente e cultivado por ele mesmo. Tampouco a coletividade é um valor independente que poderia ser sobreposto ao indivíduo. A relação não é de subordinação, mas de coordenação.

2. Tomás de Aquino e a ética filosófico-religiosa

No século XIII encontramos um dos mais conhecidos pensadores da Idade Média e um dos mais destacados continuadores do pensamento ético aristotélico: Tomás de Aquino.

Ao mesmo tempo que tinha uma preocupação em dialogar com a tradição a que estava vinculada sua identidade religiosa cristã – de modo peculiar, com Agostinho de Hipona (354-430), Dionísio Pseudoareopagita (c. 500) e Boécio (480-525) – Tomás de Aquino também possuía como interlocutores de primeira grandeza representantes do pensamento mulçumano – especialmente Avicena (980-1037) e Averróis (1126-1198) – e judaico – sobretudo Maimônides (1135-1204). Além desses pensadores de matriz bíblica, os gregos e romanos antigos permaneciam como fonte direta de sua filosofia.

Esses referenciais mostram como o pensamento tomásico é construído "naturalmente" no encontro de duas correntes: a filosofia grega e a sabedoria bíblica. Convencido da universalidade da razão, Tomás entendia que os seus horizontes podiam ser expandidos pela fé (entendida primariamente como ato pessoal de adesão à realidade transcendente à qual se costuma chamar de *Deus*, e apenas secundariamente como aceitação de um conjunto de dados revelados); afinal, como ele definia, a fé é um ato da própria razão, em unidade com a vontade ou a liberdade, ou ainda com o amor. Cada qual com seu campo próprio e seus "métodos" próprios, razão e fé podem estabelecer uma relação de simbiose, garantida sempre pela universalidade da razão e do amor.

É dessa perspectiva que Tomás de Aquino elaborará sua reflexão ética, conjugando a crença em um ser divino com a herança filosófica recebida principalmente de Aristóteles. Em linhas gerais, a ética tomásica retoma e desenvolve a ética aristotélica das virtudes, acentuando sua natureza individual-coletiva. A ela Tomás acrescenta um elemento que qualifica a vivência das virtudes: a afirmação de que o Bem ou o Bem Supremo é "alguém", um ser a quem se dá o nome de *Deus*.

Tomás entende que a essência de Deus, embora acessível parcialmente à razão humana, é rigorosamente inefável. Por esse motivo, a fé é algo necessário na relação do humano com o divino. Ela dá um "rosto" para Deus, atribuindo-lhe características de acordo com os dados revelados pelos textos sagrados (no caso de Tomás, o Primeiro e o Segundo Testamentos). Todavia, a inteligência humana pode, partindo da observação da realidade concreta e por meio do princípio de causalidade, concluir pela existência de Deus.

Assim, a partir de um referencial platônico-aristotélico (a causalidade), Tomás aceita os pressupostos de que todo conhecimento humano começa pelos sentidos e de que o mundo está ordenadamente estruturado. Argumenta, então, em favor da existência de uma realidade transcendente, causa e fundamento último dos seres em geral, realidade esta a que religiosamente se costuma denominar *Deus* e sem a qual o próprio mundo tornar-se-ia incompreensível.

Segundo Tomás, ao olharmos para o mundo apreendemos a existência de um conjunto de seres diferentes: ao mesmo tempo que todos existem, não existem de modo igual. A razão dessa semelhança e diferença estaria no fato de que, material ou fisicamente, os seres se distinguem por características secundárias (lugar, condição, tempo, qualidade etc.), mas todos também se unem por identidades universais que os fazem pertencer a espécies e gêneros (a "humanidade" de Maria, Pedro e João faz que eles pertençam à espécie humana, no interior no gênero animal). Assim, as diferenças viriam da materialidade/corporalidade dos indivíduos e as semelhanças fundamentais viriam da essência que forma os indivíduos. Não há igualdade absoluta entre eles, pois cada indivíduo tem seu modo de ser, mas há uma semelhança de base, dada pela essência. No vocabulário tomásico, cada indivíduo tem existência (soma atual de essência mais materialidade) e essência (aspecto que dá a identidade da espécie para cada indivíduo e que integra a sua existência). A existência é o ato da essência.

Dois comentários devem ser feitos a respeito da "composição" de essência e existência que dá origem aos indivíduos:

1) a composição de essência e existência revela que os entes em geral *receberam* o seu existir de

acordo com sua essência específica, pois não foram eles que deram a si mesmos o seu existir nem escolheram concretizar determinada essência. Eles foram recebidos na existência porque receberam uma essência específica mais o ato de realizar essa essência (o ato de existir). Se é assim, só um ente eterno e no qual se identificam a essência e a existência (um ente que existe por si mesmo desde sempre) pôde trazê-los à existência. A esse ente se costuma chamar *Deus*, realidade transcendente ao Universo (sem deixar de estar presente nele), princípio e fim último de tudo o que existe;

2) como alerta Étienne Gilson (1884-1978), especialista no pensamento tomásico, é um erro falar de "composição" de essência e existência como se ambas fossem duas "coisas" ou dois elementos reunidos ao modo de uma composição química. Ainda que a essência possa ser considerada "algo" (uma "coisa" em sentido bastante geral), a existência não é "algo" (menos ainda uma "coisa"); a existência é um ato, o ato de realizar a essência, ou, simplesmente, o ato de existir. Em outras palavras, a composição de essência e existência não

se dá ao modo de uma "preparação química", em que um operador muito poderoso (Deus) tomaria, de um lado, uma essência, e, de outro, uma existência e efetuaria a síntese de ambas sob a ação de um raio criador. Nas palavras de Gilson, essa composição pode ser "imaginada" quando se toma a existência ou o ato de existir como um ponto de energia de dada intensidade engendrando um cone de força, do qual ele seria o ápice e cuja base seria a essência. Isso não passa de uma aproximação grosseira, mas dá uma pálida ideia do modo como Tomás de Aquino entende os entes: cada ente é a realização individual da essência que ele comunga com os outros entes de sua espécie; ser ente é ser o existir individual de uma essência. No limite, só há um ente que existe, o ente divino, e todos os outros entes existem enquanto comungam do mesmo existir do ente divino.

Tomás de Aquino chamará de Criador a esse ente divino, seguindo a tradição bíblica segundo a qual Deus terá produzido tudo o que existe. Tomás ainda tinha plena consciência, como se observa em sua obra

Suma teológica, de que não é possível decidir racionalmente se o Criador fez o mundo "desde sempre", isto é, eternamente, ou "num determinado momento". Afinal, não há nada na Natureza que permita provar de uma vez por todas que o mundo sempre existiu ou que teve um começo no tempo. No entanto, para quem professa uma crença em continuidade com a fé bíblica, há um motivo para escolher entre a criação eterna e a criação temporal: a autoridade do próprio ser divino que revelou ter criado o Universo num determinado momento. Essa escolha, movida pelo amor a Deus, não repugna à razão; portanto, é razoável aceitá-la.

Uma vez demonstrada filosoficamente, por meio da composição de essência e existência, a necessidade de afirmar a criação do mundo (independentemente de escolher entre uma criação eterna ou uma criação temporal), Tomás de Aquino passa a descrever o Universo como um conjunto de entes estabelecidos com ordem, beleza e harmonia, ou seja, dispostos conforme o grau de perfeição de cada um (cada ente teria um papel no cosmo e seria dotado das possibilidades de realizar-se completamente, cumprindo o grau de perfeição que lhe é possível).

A perfeição, para ser realizada no grau próprio de cada ente, exige a atualização ou a realização das potencialidades ou capacidades de cada criatura. A inteligência que rege o cosmo, ou a providência divina, coordena e conduz cada ser criado para o seu fim. É por isso que mesmo os seres não racionais buscam objetivos em sua existência, ainda que eles sequer tenham consciência reflexiva desses objetivos. Quanto ao ser humano, ente dotado de razão e de vontade, ele pode ter tal consciência. Cabe a ele, assim, buscar de forma livre e voluntária a sua perfeição ou fim. Um dos atributos essenciais da espécie humana é, portanto, a capacidade de tender livremente a determinado fim, orientando-se para ele e dispondo livremente de si mesmo. Dado que ordenar a um fim é ordenar ao Bem (visto que o Bem é o fim último), resta determinar filosoficamente qual é de fato a perfeição, o fim ou o bem que o ser humano pode buscar.

A esse respeito, Tomás de Aquino, na linha de Aristóteles, observa que o ser humano, no seu cotidiano, depara com uma multiplicidade de bens. Assim como não encontra somente um ente, mas uma variedade deles, assim também ele não encontra apenas um bem, mas inúmeros bens. Além disso, o ser humano pode perceber que a cada ente corresponde um tipo de bem que lhe permite realizar a plenitude de sua essência.

Tomás de Aquino analisa, então, os diversos tipos de bens ou de vida beatificante, quer dizer, de vida que pode permitir a posse dos fins adequados aos seres humanos: viver com saúde, ter riqueza, ter boa reputação, ter fama, sentir prazer etc. Embora todos esses tipos de vida sejam bens em si mesmos, nenhum deles, entretanto, consegue satisfazer em plenitude (perfeitamente) as exigências próprias do fim último ao qual o ser humano é chamado: um bem que satisfaça tanto a sua condição material (corporalidade e emoções) como a sua condição mental-espiritual (razão e vontade). Mesmo possuindo todos os bens finitos que deseja, o ser humano permanece incompleto enquanto não realiza sua capacidade mental-espiritual, por meio da qual está preparado para conhecer e amar o ente que o trouxe à existência.

Assim, por um lado, Tomás de Aquino mantém-se claramente na via aristotélico-platônica, segundo a qual o ser humano atinge sua perfeição quando contempla pelo pensamento o Bem Supremo e configura sua ação por essa contemplação. Mas, por outro lado, Tomás de Aquino dá um passo adiante e descreve o ser humano como um ser aberto à possibilidade de amar o Bem Supremo e ser amado por ele: se o ente primeiro, eterno e perfeito (cuja essência e existência coincidem) existe, nada pode tê-lo obrigado a criar os entes segundos, temporais e imperfeitos; afinal, não ser obrigado (quer dizer, ser livre) é melhor do que ser obrigado (não ser livre). Para que o ente primeiro seja de fato primeiro, convém que ele seja pensado como livre. Ora, se ele é livre, ele não tinha necessidade de criar os entes finitos. Se os criou, ele o fez por um ato de pura liberalidade; numa palavra, por um puro ato de amor. No limite, o ser do ente primeiro é amor, o que qualifica de maneira inteiramente nova a relação que ele estabelece com todos os entes criados. Essa qualificação é uma novidade metafísica que Tomás de Aquino insere na estrutura platônico-aristotélica de seu pensamento.

Dessa perspectiva, a plenitude ou a perfeição da ação ética, segundo Tomás, é maior quando cada ser humano, por reflexão e por vontade livre, toma uma posição diante de seu Criador. Se essa posição é de adesão livre, consciente e amorosa, então o ser humano atinge o máximo da plenitude ou da perfeição seguindo o movimento de atração que parte do próprio ser divino e que sustenta todas as coisas na existência.

Por conseguinte, identificar o ser divino como fim último que pode permitir a verdadeira e total perfeição da existência humana significa identificar também uma hierarquia nos bens: os bens relativos devem ser valorados como tais; só o bem divino pode ser valorado como absoluto.

O reverso dessa moeda pode ser visto por meio da seguinte pergunta: uma vida ordenada pelas virtudes morais não garantiria a satisfação da criatura humana e o seu bem? Tomás de Aquino responderia negativamente, dado que, embora tais virtudes possam regular os desejos e as ações humanas, colaborando para o estabelecimento da ordem típica da vida humana, a ordem mesma não constitui a realização do fim último do ser humano, mas a relação inteligente e amorosa com o Criador dessa ordem. Em outras palavras, a vida humana não existe em função da ordem que ela pode desenvolver, mas a ordem é que está em função do fim último: Deus, realização completa dos anseios humanos.

Percebe-se que o caráter religioso do pensamento de Tomás de Aquino (entendendo-se por religião uma relação inteligente e amorosa com o ser divino) acompanha uma argumentação perfeitamente racional. Não resulta de afirmações de "autoridade", mas de caminhos garantidos pelo que Tomás considerava a universalidade da razão, capacidade de observar a experiência humana e de descrevê-la de modo que todos os interlocutores – conhecendo minimamente os procedimentos lógicos por ele adotados – pudessem analisar e avaliar sua descrição.

É essa mesma exigência de rigor racional que levará Tomás a desenvolver a compreensão da relação com o ser divino como uma relação bilateral: não apenas o ser humano se dirige (pelo pensamento e pelo amor) ao ser divino, mas este também vem ao encontro do ser humano, e seu auxílio é mesmo necessário para que o ser humano atinja sua perfeição. O que leva Tomás a essa conclusão é o modo como ele descreve o ser humano, como um ser dotado de corporeidade, razão/inteligência e vontade.

A inteligência permite ao ser humano conhecer o que as coisas são; a vontade leva-o a buscar as coisas que se apresentam como boas. À medida que a inteligência conhece a verdade sobre as coisas, ela apresenta à vontade os resultados de sua operação, ou seja, aquilo que ela conseguiu vislumbrar. A tendência da vontade, por sua vez, move o ser humano ao encontro daquilo que é apresentado pela inteligência como um bem a ser possuído. Contudo, nenhum bem temporal oferecido pela inteligência consegue satisfazer a necessidade de realização plena da criatura humana, pois, como vimos, a perfeição máxima e tão procurada exige um bem que seja perfeito, absoluto, imutável. Apenas Deus pode ser esse bem, pois ele é o único que pode ser considerado um bem imutável, perfeito, absoluto.

Em consonância com esse dado, a vontade, por princípio, deveria mover o ser humano a buscar o bem imutável quando este é apresentado pela inteligência. Todavia, ela hesita muitas vezes, porque o próprio conhecimento que o ser humano tem do bem absoluto é imperfeito, limitado e precário. Não é um conhecimento exato, mas aproximado, exigindo, da parte do ser humano, um ato radical de liberdade para buscá-lo e a consciência de que esse conhecimento é sempre melhorável, nunca definitivo.

Esse ato, no entanto, se ficar restrito às condições naturais, desorienta-se e não vê necessariamente onde se encontra o bem perfeito. É preciso que o bem perfeito, ou Deus, inicie o movimento pelo qual se pode chegar a ele como bem perfeito, inspirando-o e auxiliando-o. A essa iniciativa divina Tomás chamava de Graça. A ação divina, no entanto, não violenta a natureza humana, mas respeita a liberdade que envolve o "jogo" entre a razão ou inteligência e a vontade, capacidades fundamentais, afirmadas com radicalidade no pensamento ético de Tomás. É somente na correlação entre intelecto, vontade e Graça que o ser humano pode passar da felicidade imperfeita (posse de bens relativos pela prática das virtudes) à felicidade perfeita (posse de bens relativos pela prática das virtudes conjugada à posse do bem absoluto).

Dessa perspectiva, segundo Tomás, a temática do fim último, mais do que apenas especulativa ou metafísica, apresenta-se como princípio de orientação prática nas decisões a serem tomadas na existência cotidiana. A íntima relação entre a beatitude imperfeita, compreendida como uma vida ordenada segundo as virtudes, e a beatitude perfeita, entendida como visão de Deus pela inteligência, faz ver que a primeira já é uma participação na segunda, uma vez que a organização dos nossos atos e dos bens almejados por intermédio das virtudes pressupõe uma relação com a beatitude perfeita, já que tal ordem virtuosa preserva no ser humano o predomínio daquilo que ele tem de mais nobre e que lhe faculta ser imagem do seu Criador.

Tal ordenação virtuosa das escolhas e bens é uma realidade que colabora para que o ser humano atinja seu fim último, pois evita a dispersão do apego aos bens finitos. Ela também possibilita a retidão da vontade, algo imprescindível na vida moral e por meio da qual os desejos, tendências e ações humanas se direcionam e se subordinam ao fim último, num bom uso de tudo que se lhe apresenta na ordem da criação e numa adequada organização da vida individual-coletiva.

3. Immanuel Kant e os fundamentos de uma ética universal e laica

A época moderna autoproclamou-se como a idade da razão. O postulado da autonomia da razão tornou-se inseparável da laicidade, isto é, da postura que, mesmo sem necessariamente negá-lo, não se compromete com nenhum caráter sagrado para o mundo.

No período medieval, a sociedade, assim como praticamente todos os aspectos da vida, giravam em torno de um eixo *teocrático*: as ideias religiosas atuavam como elementos preponderantes na organização da vida e da Cultura, inclusive na Ética e na Política. Desse ponto de vista, o pensamento de Tomás de Aquino, apresentado no capítulo anterior, é um exemplo das tentativas medievais de coordenar atividade filosófica e sabedoria bíblica. De modo geral, mesmo nas tradições medievais de orientação judaica e muçulmana, a Filosofia (aí incluídos os conhecimentos acerca da Natureza e do ser humano) adotava como critério último de discernimento e de avaliação ética a revelação contida nos textos sagrados, principalmente de matriz bíblica (inclusive para os muçulmanos), pelo menos no que concernia às verdades primeiras e aos fundamentos do agir.

A passagem ao mundo laico, que ocorre a partir da Renascença e atinge seu pleno sentido em René Descartes (1596-1650), marca aquilo que propriamente se convencionou chamar de início da Modernidade.

Na Modernidade, laicidade, autonomia da razão e primazia da subjetividade são noções que se correspondem filosófica e historicamente. A atitude laica se caracteriza pela recusa de subordinar o conhecimento da Natureza e do ser humano ao primado da fé, postulando certa liberdade em relação aos dogmas. Essa atitude se identifica com a autonomia da razão na medida em que a libertação em relação ao dogma e a crítica da tradição somente podem ocorrer a partir da consideração de que a razão humana é capaz de atingir, por seus próprios meios, verdades que, doravante, estarão fundamentadas na atitude demonstrativa e na integridade lógica do pensamento. Dessa maneira, se define o *sujeito* como o ponto de partida e o centro do conhecimento teórico e do discernimento ético: a *consciência de si* constitui obrigatoriamente a etapa inicial e fundamental do processo de relação com o mundo natural, com os entes abstratos e com a transcendência.

O método, convenientemente formulado a partir da instância da subjetividade, abre o horizonte indefinido de realização teórica e prática do sujeito livre e racional. Essa confiança praticamente ilimitada no poder da razão configura o *humanismo* como característica inicial da Modernidade. Mesmo que as verdades religiosas continuem a ser mantidas e aceitas como parâmetros da organização da vida, elas tiveram de passar a conviver com esse novo modo de pensar.

Essa postura aparece com grande nitidez no século XVIII, pela atitude filosófica que ficou conhecida como Iluminismo. Considera-se que a humanidade teria atingido, como diz Immanuel Kant, a sua maioridade, o que significa que o ser humano teria então plenas condições de dispor de si mesmo. O indivíduo guiado pela luz da razão (daí a designação desse período também como Época das Luzes) não necessita mais ser tutelado, como teria acontecido em relação aos dogmas religiosos, quando valores comunitários e religiosos prevaleciam sobre o uso autônomo da razão. Doravante, a razão é o único critério; e a vida racional encerra todas as virtudes. Como a racionalidade exercida autonomamente é, de direito, prerrogativa de todos os indivíduos, ela é também suficiente como critério regulador de todos os aspectos da vida. A razão é universal; e é a partir dessa universalidade que o indivíduo organiza a sua vida, assim como a sociedade se mantém no grau necessário de estabilidade e coesão.

Tais pressupostos conduzirão a um verdadeiro culto iluminista da liberdade da razão que, segundo Kant, seria o índice da maturidade do gênero humano: uma humanidade racionalmente emancipada e iluminada pelas luzes da razão. Como consequência, temos a autonomia ética subjugando todo tipo de heteronomia ou de submissão a qualquer fonte diferente da própria razão. Reforça-se, assim, a racionalidade como fundamento da Ética: a moralidade se confunde com a universalidade da razão; a forma racional aparece como critério da deliberação ética e da ideia de dever moral. Trata-se da tentativa de atingir uma pureza formal que viesse a desvincular a intenção moral de qualquer interesse – material ou transcendente – que pudesse interferir na forma racional do ato moral. Esse formalismo é afirmado tendo em vista a necessidade de que a moralidade obedeça ao requisito racional da universalidade e mesmo coincida com ele.

Para atingir tal objetivo, segundo Kant, era necessário fazer uma revolução copernicana na Filosofia: da mesma maneira que se passou do geocentrismo para o heliocentrismo, que considerava não ser a Terra o centro do Universo, mas o Sol, agora era preciso tirar o *objeto* do conhecimento do centro da reflexão filosófica e realizar uma análise minuciosa do *sujeito* do conhecimento. Segundo Kant, a tradição sempre olhou o que se conhece e nunca analisou *quem* ou *o que* se conhece, nem as condições de possibilidade de todo conhecimento. Partia-se do pressuposto de que o ponto de partida do filosofar é a própria realidade, e que o ser humano, com sua estrutura natural, teria capacidade de conhecer as coisas tais como elas são. Porém, para Kant, tal atitude era uma ilusão, pois o ponto de partida da busca do conhecimento deveria ser justamente a análise crítica da faculdade de conhecer ou do sujeito do conhecimento: a razão.

Kant chega a afirmar que a razão é uma estrutura vazia, mas universal, igual para todos os humanos. Essa estrutura seria constituída das formas da sensibilidade (o espaço e o tempo), das categorias do entendimento (causalidade etc.) e da forma da própria razão. No processo do conhecimento, os conteúdos que irão preencher tal estrutura são *a posteriori*, isto é, provenientes da percepção sensível. Mas a estrutura universal da razão seria *a priori* e condicionaria o modo como as informações empíricas serão organizadas e interpretadas. Por conseguinte, dado que só é possível conhecer aquilo que é captado na estrutura *a priori*, então só podemos conhecer as coisas como fenômenos (*phainómenon*) e não em si mesmas (*noúmenon*), flexibilizando o conhecimento humano. Nunca poderemos ver a realidade em si mesma, mas apenas a forma pela qual ela se apresenta para o nosso modo humano de percepção.

Esse modo de analisar e conceber o processo do conhecimento humano leva o autor da *Crítica da razão pura* a concluir pela impossibilidade de se estabelecer um conhecimento *a priori* no âmbito da Metafísica, pois a razão, ao tentar efetuar tal empreendimento, não é bem-sucedida, por causa do simples fato de não conseguir estabelecer um conhecimento necessário. Kant, por isso, sem necessariamente negar a unidade da razão, estabelece a diferença entre razão teórica e razão prática, a primeira no âmbito do conhecimento científico, e a segunda no domínio da Ética.

A questão ética ou prática para Kant é algo extremamente importante. Segundo nosso autor, é preciso analisar não só como as pessoas agem no dia a dia, mas como elas deveriam agir. A grande questão a ser respondida é: o que devo fazer? A fundamentação do dever é algo nuclear na ética kantiana, tornando-se preciso explicitar sua universalidade e necessidade.

Em nosso cotidiano muitas vezes precisamos fazer escolhas e tomar decisões para responder a diversas situações que se apresentam a nós. Por exemplo: estou indo trabalhar e vejo uma pessoa sofrer uma parada cardíaca perto de mim. O que devo fazer? Na perspectiva kantiana, é preciso agir não conforme meu interesse, nem conforme à facilidade da ação ou apenas ao aspecto legal, mas de acordo com a necessidade prática e incondicionada, ou seja, por dever. Ora, o dever é justamente essa necessidade prática e incondicionada.

Um ato pode estar de acordo com a lei e não possuir valor moral, pois não basta cumprir o dever: é preciso *fazer por dever*. Dessa forma, se deixo de roubar um objeto por medo de ser preso, estou agindo legalmente, mas não moralmente.

Isso nos ajuda a perceber como, para Kant, a união necessária entre a ação e a situação é estabelecida pela razão a partir dela mesma e não a partir de algo extrínseco a ela: o dever manifesta uma atividade própria da razão.

Tanto a razão teórica quanto a razão prática se situam na esfera do transcendental, isto é, das condições formais de possibilidade do conhecimento e da moralidade, sendo a forma da razão que prevalece como condição *a priori* a partir da qual se dá o conhecimento de objetos e a efetuação do ato moral. Tanto é assim que o *imperativo categórico* que define a moralidade do ato exige que os critérios de ação escolhidos pelo sujeito possam ser universalizados. Se a máxima que governa minha ação não puder ser universalizada, o ato não se caracteriza como moral. Ora, a universalidade é sempre racional, isto é, uma condição lógica dotada de absoluta generalidade. É essa universalidade que se aplica à moral como seu requisito transcendental; como o transcendental é o domínio das formas, essa universalidade é formal. O ato moral é aquele que tem a forma da universalidade.

Na análise kantiana, a ética precisa ter uma base universal que sirva de referência para as nossas ações. Não sendo possível partir das especulações metafísicas tradicionais (uma vez que seus conteúdos não se submetem às formas da sensibilidade nem às categorias do entendimento), nem de tendências humanas naturais, como a felicidade (que também escapa às estruturas do sujeito transcendental), Kant procurou encontrar outro ponto de referência, a *boa vontade*, que consistirá não em apenas fazer o que se deve, mas em *querer fazer aquilo que se deve fazer*. É algo, portanto, interior: não basta cumprir o dever; é preciso querer fazê-lo por dever.

A relação que há entre a boa vontade e o dever torna-se evidente quando se observa que só é possível querer um bem na medida em que ele se apresente como algo que se impõe ao nosso espírito de forma racional. A razão estabelece sua própria lei a partir de si mesma e não de uma realidade transcendente.

Mas por que tal lei se apresenta com um aspecto imperativo? O ser humano não possui apenas razão, mas também emoções ou paixões. Isso mostra que há uma possibilidade de seguir ou não a lei moral. Se fosse apenas um ser racional, o ser humano obedeceria de forma efetiva e sem resistência à lei moral. Mas, como também possui paixões, a lei acaba assumindo esse aspecto imperativo de ordem, de dever.

Segundo Kant, os atos humanos podem ser movidos tanto por um imperativo hipotético como por um imperativo categórico. No primeiro caso, temos obrigações condicionadas: se quero tal coisa, então preciso fazer esta outra. O imperativo hipotético se refere a algo que é visto como fim, mas na realidade é meio para chegar a outro fim. Por exemplo, se devo viver, então preciso cuidar de minha saúde. No segundo caso, a obrigatoriedade ou o dever se apresenta de forma absoluta; a prática de tal ato se mostra necessária porque é boa e final em si mesma. Por exemplo, devo tratar todas as pessoas como dotadas de uma dignidade inegociável.

Entretanto, o dever não implica a anulação da vontade humana e da sua liberdade, pois o que caracteriza uma vontade livre não é o fato de ela não estar submetida a nenhuma regra ou lei, mas a sua autonomia, isto é, a sua capacidade de estabelecer para si mesma a sua própria lei. Assim, um ato humano deve ser realizado porque de fato é necessário e pode ser universalizado: "Age sempre de tal forma que a máxima de tua vontade possa servir de princípio de legislação universal", formulou Kant.

4. Conclusão

Na história da Ética, Aristóteles representa um momento em que se dá extrema importância ao discernimento prático nas decisões e escolhas que fazemos para diferenciar o bem a ser buscado e o mal a ser evitado, como também à necessidade da aquisição de virtudes necessárias à vida feliz. Se os humanos querem ter uma vida boa, precisam adquirir um modo de vida de acordo com a finalidade ou o propósito inscrito na sua própria natureza.

No contexto medieval, a ética de Tomás de Aquino dá continuidade ao pensamento aristotélico, ao mesmo tempo que estabelece uma relação simbiótica entre a tradição bíblica e a tradição formada pelas heranças da filosofia greco-romana. Em outras palavras, uma simbiose entre fé e razão. O bem supremo agora é identificado com a realidade transcendente à qual se dá o nome de *Deus*, de maneira que a dimensão teleológica continua sendo acentuada como a vida feliz, mas distinguindo entre os bens intermediários e o Bem Supremo, que tem condições de realizar de forma completa a natureza humana: Deus, com quem se pode estabelecer uma relação dialógica inteligente, livre e amorosa.

Kant, por sua vez, no contexto do pensamento moderno iluminista, propugna a emancipação e a exaltação da razão, procurando mostrar que um ato só possui valor ético se é realizado por dever, e não apenas para satisfazer o próprio interesse nem para cumprir algo estabelecido por um outro. Devido a esse modo de pensar, a questão da boa vontade e da sua autodeterminação e autonomia ocupará um lugar central na ética kantiana, mas também nas reflexões éticas posteriores, inaugurando um estilo laico de buscar o bem comum, confiando na capacidade humana da razão.

A resposta às perguntas "Como viver?", "Como distinguir o bom do ruim?" e outras semelhantes certamente varia de acordo com Aristóteles, Tomás e Kant. No entanto, os três têm em comum a confiança de que a capacidade racional humana pode permitir uma vida feliz.

Em nosso tempo, a importância dessas questões é enorme. Buscar respostas fáceis e receitas de como viver é uma ilusão, pois nenhuma resposta será fácil diante da complexidade das experiências individuais e coletivas, assim como nenhuma receita será autêntica quando apenas for imposta aos indivíduos e grupos ou copiadas por eles. Nesse quadro, e para além de um conjunto de referências incontornáveis a toda reflexão ética, a palavra de Aristóteles, Tomás e Kant continuam a ser um agudo convite ao esclarecimento como fonte do agir livre e responsável.

OUVINDO OS TEXTOS

Texto 1. Aristóteles (384-322 a.C.), *A felicidade*

Devemos considerar [o tema] não só à luz da nossa conclusão e das nossas premissas, mas também do que a seu respeito se costuma dizer; pois com uma opinião verdadeira todos os dados se harmonizam, mas com uma opinião falsa os fatos não tardam a entrar em conflito. Ora, os bens têm sido divididos em três classes, e alguns foram descritos como exteriores, outros como relativos à alma ou ao corpo. Nós outros consideramos como mais propriamente e verdadeiramente bens os que se relacionam com a alma, e como tais classificamos as ações e atividades psíquicas. Logo, o nosso ponto de vista deve ser correto, pelo menos de acordo com esta antiga opinião, com a qual concordam muitos filósofos. É também correto pelo fato de identificarmos o fim com certas ações e atividades, pois desse modo ele vem incluir-se entre os bens da alma, e não entre os bens exteriores. Outra crença que se harmoniza com a nossa concepção é a de que o homem feliz vive bem e age bem; pois definimos praticamente a felicidade como uma espécie de boa vida e boa ação. As características que se costumam buscar na felicidade também parecem pertencer todas à definição que demos dela. Com efeito, alguns identificam a felicidade com a virtude, outros com a sabedoria prática, outros com uma espécie de sabedoria filosófica; outros com estas, ou uma destas, acompanhadas ou não de prazer; e outros ainda também incluem a prosperidade exterior. Ora, algumas destas opiniões têm tido muitos e antigos defensores, enquanto outras foram sustentadas por poucas, mas eminentes pessoas. E não é provável que qualquer delas esteja inteiramente equivocada, mas sim que tenham razão pelo menos a algum respeito, ou mesmo a quase todos os respeitos. Também se ajusta à nossa concepção a dos que identificam a felicidade com a virtude em geral ou com alguma virtude particular, pois que à virtude pertence a atividade virtuosa. Mas há, talvez, uma diferença não pequena em colocarmos o sumo bem na posse ou no uso, no estado de ânimo ou no ato. Porque pode existir o estado de ânimo sem produzir nenhum bom resultado, como no homem que dorme ou que permanece inativo; mas a atividade virtuosa, não: essa deve necessariamente agir, e agir bem. E, assim como nos Jogos Olímpicos não são os mais belos e os mais fortes que conquistam a coroa, mas os que competem (pois é dentre estes que hão de surgir os vencedores), também as coisas nobres e boas da vida só são alcançadas pelos que agem retamente.

ARISTÓTELES. *Ética a Nicômaco*. Trad. Leonel Vallandro e
Gerd Bornheim. São Paulo: Abril Cultural, 1979, pp. 57-8
(Col. "Os Pensadores").

Texto 2. Aristóteles (384-322 a.C.), *A virtude*

Devemos considerar agora o que é a virtude. Visto que na alma se encontram três espécies de coisas – paixões, faculdades e disposições de caráter –, a virtude deve pertencer a uma destas. Por paixões entendo os apetites, a cólera, o medo, a audácia, a inveja, a alegria, a amizade, o ódio, o desejo, a emulação, a compaixão, e em geral os sentimentos que são acompanhados de prazer ou dor; por faculdades, as coisas em virtude das quais se diz que somos capazes de sentir tudo isso, ou

seja, de nos irarmos, de magoar-nos ou compadecer-
-nos; por disposições de caráter, as coisas em virtude
das quais nossa posição com referência às paixões é
boa ou má. Por exemplo, com referência à cólera, nossa posição é má se a sentimos de modo violento ou
demasiado fraco, e boa se a sentimos moderadamente;
e da mesma forma no que se relaciona com as outras
paixões. Ora, nem as virtudes nem os vícios são *paixões*, porque ninguém nos chama bons ou maus devido
às nossas paixões, e sim devido às nossas virtudes ou
vícios, e porque não somos louvados nem censurados
por causa de nossas paixões (o homem que sente medo
ou cólera não é louvado, nem é censurado o que simplesmente se encoleriza, mas sim o que se encoleriza de
certo modo); mas pelas nossas virtudes e vícios somos
efetivamente louvados e censurados. Por outro lado,
sentimos cólera e medo sem nenhuma escolha de nossa
parte, mas as virtudes são modalidades de escolha, ou
envolvem escolha. Além disso, com respeito às paixões
se diz que somos movidos, mas com respeito às virtudes e aos vícios não se diz que somos movidos, e sim
que temos tal ou tal disposição. Por estas mesmas razões, também não são faculdades, porquanto ninguém
nos chama bons ou maus, nem nos louva ou censura

pela simples capacidade de sentir as paixões. Acresce que possuímos as faculdades por natureza, mas não nos tornamos bons ou maus por natureza. Já falamos disto acima. Por conseguinte, se as virtudes não são paixões nem faculdades, só resta uma alternativa: a de que sejam *disposições de caráter*. Mostramos, assim, o que é a virtude com respeito ao seu *gênero*. (...) Não basta, contudo, definir a virtude como uma disposição de caráter; cumpre dizer que espécie de disposição é ela. Observemos, pois, que toda a virtude ou excelência não só coloca em boa condição a coisa de que é a excelência como também faz com que a função dessa coisa seja bem desempenhada. Por exemplo, a excelência do olho torna bons tanto o olho como a sua função, pois é graças à excelência do olho que vemos bem. Analogamente, a excelência de um cavalo tanto o torna bom em si mesmo como bom na corrida, em carregar o seu cavaleiro e em aguardar de pé firme o ataque do inimigo. Portanto, se isto vale para todos os casos, a virtude do homem também será a disposição de caráter que o torna bom e que o faz desempenhar bem a sua função. Como isso vem a suceder, já o explicamos atrás, mas a seguinte consideração da natureza específica da virtude lançará nova luz sobre o assunto. Em tudo que é contínuo e divisível pode-se tomar mais, menos ou uma quantidade igual, e isso quer em termos da própria coisa, quer relativamente a nós; e o igual é um meio-termo entre o excesso e a falta. Por meio-termo no objeto entendo aquilo que é equidistante de ambos os extremos, e que é um só e o mesmo para todos os homens; e por meio-termo relativamente a nós, o que não é nem demasiado nem demasiadamente pouco – e este não é um só e o mesmo para todos. Por exemplo, se dez é demais e dois é pouco, seis é o meio-termo, considerado em função do objeto, porque excede e é excedido por uma quantidade igual; esse número é intermediário de acordo com uma proporção aritmética. Mas o meio-termo relativamente a nós não deve ser considerado assim: se dez libras é demais para uma determinada pessoa comer e duas libras é demasiadamente pouco, não se segue daí que o treinador prescreverá seis libras; porque isso também é, talvez, demasiado para a pessoa que deve comê-lo, ou demasiadamente pouco – demasiadamente pouco para Milo e demasiado para o atleta principiante. O mesmo se aplica à corrida e à luta. Assim, um mestre em qualquer arte evita o excesso e a falta, buscando o meio-termo e escolhendo-o – o meio-termo não no objeto, mas relativamente a nós. Se é assim, pois, que cada arte realiza bem o seu trabalho – tendo diante dos olhos o meio-termo e julgando suas obras por esse padrão; e por isso dizemos muitas vezes que às boas obras de arte não é possível tirar nem acrescentar nada, subentendendo que o excesso e a falta destroem a excelência dessas obras, enquanto o meio-termo a preserva; e para este, como dissemos, se voltam os artistas no seu trabalho –, e se, ademais disso, a virtude é mais exata e melhor que qualquer arte, como também o é a natureza, segue-se que a virtude deve ter o atributo de visar ao meio-termo. Refiro-me à virtude moral, pois é ela que diz respeito às paixões e ações, nas quais existe excesso, carência e um meio-termo. Por exemplo, tanto o medo como a confiança, o apetite, a ira, a compaixão, e em geral o prazer e a dor, podem ser sentidos em excesso ou em grau insuficiente; e, num caso como no outro, isso é um mal. Mas senti-los na ocasião apropriada, com referência aos objetos apropriados, para com as pessoas apropriadas, pelo motivo e da maneira conveniente, nisso consistem o meio-termo e a excelência característicos da virtude. Analogamente, no que tange às ações também existe excesso, carência e um meio-termo. Ora, a virtude diz respeito às paixões e ações em que o excesso é uma forma de erro, assim como a carência, ao passo que o meio-termo é uma forma de acerto digna de louvor; e acertar e ser louvada são características da virtude. Em conclusão, a virtude é uma espécie de mediania, já que, como vimos, ela põe a sua mira no meio-termo. Por outro lado, é possível errar de muitos modos (pois o mal pertence à classe do ilimitado e o bem à do limitado, como supuseram os pitagóricos), mas só há um modo de acertar. Por isso, o primeiro é fácil e o segundo difícil – fácil errar a mira, difícil atingir o alvo. Pelas mesmas razões, o excesso e a falta são característicos do vício; e a mediania, da virtude: *Pois os homens são bons de um modo só, e maus de muitos modos*. A virtude é, pois, uma disposição de caráter relacionada com a escolha e consistente numa mediania, isto é, a mediania relativa a nós, a qual é determinada por um princípio racional próprio do homem dotado de sabedoria prática. E é um meio-termo entre dois vícios, um por excesso e outro por falta; pois que, enquanto os vícios ou vão muito longe ou ficam aquém do que é conveniente no tocante às ações e paixões, a virtude encontra e escolhe o meio-termo. E assim, no que toca à sua substância e à definição que lhe estabelece a essência, a virtude é uma mediania; com referência ao sumo bem e ao mais justo, é, porém, um extremo.

> ARISTÓTELES. *Ética a Nicômaco*. Trad. Leonel Vallandro e Gerd Bornheim. São Paulo: Abril Cultural, 1979, pp. 72-3 (Col. "Os Pensadores").

Texto 3. Tomás de Aquino (1225-1274), *A bondade e a maldade das ações humanas*

Deve-se falar do bem e do mal nas ações como do bem e do mal nas coisas, porque cada coisa age como é. Também cada coisa tem de bem quanto tem de ser, pois o bem e o ente se convertem, como foi dito na I Parte [desta obra]. Somente Deus possui toda a plenitude do seu ser segundo é uno e simples. Mas cada coisa possui a plenitude do ser que lhe convém segundo é diversa. Por isso acontece que algumas coisas possuem o ser quanto a algo, embora lhes falte algo para a devida plenitude do ser. Para a plenitude do homem é necessário que seja composto de alma e corpo, tendo todas as potências e instrumentos para o conhecimento e para os movimentos. Por isso, se algo disso falta a um homem, falta-lhe também algo da plenitude de seu ser. Assim, quanto tem de ser, tanto tem da bondade. Carecendo, porém, de algo da plenitude do ser, é deficiente na bondade, e se torna mau. Assim um cego tem a bondade enquanto ser vivo e a maldade enquanto carece da visão. Ora, se nada tivesse do ser e da bondade, nem bom nem mau poderia dizer-se. Mas porque é da razão do bem a plenitude do ser, se a alguém faltasse algo da devida plenitude do ser, não seria bom de modo absoluto, mas bom segundo certo aspecto, enquanto é ente. Não obstante, poderia ser dito ente absolutamente e não ente segundo certo aspecto, como se viu na I Parte. Portanto, toda ação tanto tem algo do ser, quanto tem da bondade. Faltando-lhe, porém, algo da plenitude do ser devida à ação humana, igualmente lhe falta algo da bondade, e assim se diz má; por exemplo, se lhe falta ou uma medida determinada pela razão, ou o lugar devido, ou algo equivalente.

TOMÁS DE AQUINO. *Suma Teológica*. Vol. III. Vários tradutores. São Paulo: Loyola, 2000, pp. 238-9.

Texto 4. Immanuel Kant (1724-1804), *A boa vontade*

Neste mundo, e até também fora dele, nada é possível pensar que possa ser considerado como bom sem limitação a não ser uma só coisa: uma *boa vontade*. Discernimento, argúcia de espírito, capacidade de julgar e como quer que possam chamar-se os demais *talentos* do espírito, ou ainda coragem, decisão, constância de propósito, como qualidades do *temperamento*, são sem dúvida a muitos respeitos coisas boas e desejáveis; mas também podem tornar-se extremamente más e prejudiciais se a vontade, que haja de fazer uso destes dons naturais e cuja constituição particular por isso se chama *caráter*, não for boa. O mesmo acontece com os *dons da fortuna*. Poder, riqueza, honra, mesmo a saúde, e todo o bem-estar e contentamento com a sua sorte, sob o nome de *felicidade*, dão ânimo que muitas vezes por isso mesmo desanda em soberba, se não existir também a boa vontade que corrija a sua influência sobre a alma e juntamente todo o princípio de agir e lhe dê utilidade geral; isto sem mencionar o fato de que um espectador razoável e imparcial, em face da prosperidade ininterrupta duma pessoa a quem não adorna nenhum traço duma pura e boa vontade, nunca poderá sentir satisfação, e assim a boa vontade parece constituir a condição indispensável do próprio fato de sermos dignos da felicidade. Algumas qualidades são mesmo favoráveis a esta boa vontade e podem facilitar muito a sua obra, mas não têm todavia nenhum valor íntimo absoluto, pelo contrário pressupõem ainda e sempre uma vontade, a qual restringe a alta estima que, aliás com razão, por elas se nutre, e não permite que as consideremos absolutamente boas. Moderação nas emoções e paixões, autodomínio e calma reflexão são não somente bons a muitos respeitos, mas parecem constituir até parte do valor *íntimo* da pessoa; mas falta ainda muito para as podermos declarar boas sem reserva (ainda que os antigos as louvassem incondicionalmente). Com efeito, sem os princípios duma boa vontade, **podem** elas tornar-se muitíssimo más, e o sangue-frio **dum** facínora não só o torna muito mais perigoso como o faz também imediatamente mais abominável ainda a nossos olhos do que o julgaríamos sem isso. A boa vontade não é boa por aquilo que promove ou realiza, pela aptidão para alcançar qualquer finalidade proposta, mas tão somente pelo querer, isto é, em si mesma, e, considerada em si mesma, deve ser avaliada em grau muito mais alto do que tudo o que por seu intermédio possa ser alcançado em proveito de qualquer inclinação, ou mesmo, se se quiser, da soma de todas as inclinações. Ainda mesmo que por um desfavor especial do destino, ou pelo apetrechamento avaro duma natureza madrasta, faltasse totalmente a esta boa vontade o poder de fazer vencer as suas intenções, mesmo que nada pudesse alcançar a despeito dos seus maiores esforços, e só afinal restasse a boa vontade (é claro que não se trata aqui de um simples desejo, mas sim do emprego de todos os meios de que as nossas forças disponham), ela ficaria brilhando por si mesma como uma joia, como alguma coisa que em si mesma tem o seu pleno valor. A utilidade ou a inutilidade nada podem acrescentar ou tirar a este valor. A utilidade seria apenas como que o engaste para essa joia poder ser manejada mais facilmente na circulação corrente ou para atrair sobre ela a atenção daqueles que não são ainda bastante conhecedores, mas não para a recomendar aos conhecedores e determinar o seu valor. Há, contudo, nesta ideia do valor absoluto da simples vontade, sem entrar em linha de conta para sua avaliação com qualquer utilidade, algo de tão estranho que, a despeito mesmo de toda a concordância da razão vulgar com ela, pode surgir a suspeita de que no fundo haja talvez oculta apenas uma quimera aérea e que a natureza tenha sido mal compreendida na sua intenção ao dar-nos a razão por governante da nossa vontade. Vamos por isso, deste ponto de vista, pôr à prova esta ideia. Quando consideramos as disposições naturais dum ser organizado, isto é, dum ser constituído em ordem a um fim que é a vida, aceitamos como princípio que nele se não encontra nenhum órgão que não seja o mais conveniente e adequado à finalidade a que se destina. Ora, se num ser dotado de razão e vontade a verdadeira finalidade da natureza fosse a sua *conservação*, o seu *bem-estar*, numa palavra a sua *felicidade*, muito mal teria ela tomado as suas disposições ao escolher a razão da criatura para executora destas suas intenções. Pois todas as ações que esse ser tem de realizar nesse propósito, bem como toda a regra do seu comportamento, lhe seriam indicadas com muito maior exatidão pelo instinto, e aquela finalidade obteria por meio dele muito maior segurança do que pela razão; e se, ainda por cima, essa razão tivesse sido atribuída à criatura como um favor, ela só lhe poderia ter servido para se entregar a considerações sobre a feliz disposição da sua natureza, para a admirar, alegrar-se com ela e mostrar-se por ela agradecida à Causa benfazeja, mas não para submeter à sua direção fraca e enganadora a sua faculdade de desejar, achavascando assim a intenção da natureza; numa palavra, a natureza teria evitado que a razão caísse no *uso prático* e se atrevesse a engendrar com as suas fracas luzes o plano da felicidade e dos meios de a alcançar; a natureza teria não somente chamado a si a escolha dos fins, mas também a dos meios, e teria com sábia prudência confiado ambas as coisas simplesmente ao instinto.

> KANT, I. *Fundamentação da metafísica dos costumes.*
> Trad. Paulo Quintela. São Paulo: Abril Cultural, 1974,
> pp. 203-5 (Col. "Os Pensadores").

EXERCITANDO A REFLEXÃO

1. Questões para você compreender melhor o tema e refletir sobre ele:

- **1.1.** O que é ética?
- **1.2.** Em que sentido o pensamento socrático deu preferência ao aspecto antropológico da reflexão filosófica?
- **1.3.** Qual a relação entre Ética e Política segundo o pensamento filosófico grego?
- **1.4.** O que Aristóteles entende por discernimento prático?
- **1.5.** Por que, para Tomás de Aquino, é necessário afirmar a existência de uma realidade transcendente?
- **1.6.** Qual o fim último do agir humano segundo Tomás de Aquino?

1.7. Por que, para Kant, a noção de dever é tão importante na reflexão ética?

1.8. O que é o formalismo kantiano?

2. Analisando os textos:

2.1. Como, no texto 1, Aristóteles pensa a questão da felicidade?

2.2. O que é virtude e qual sua relação com a Ética, segundo o texto 2?

2.3. Segundo o texto 3, como deve ser analisada a bondade e a maldade das ações humanas?

2.4. De acordo com o texto 4, o que seria a boa vontade e qual a sua importância nas discussões éticas?

DICAS DE VIAGEM

1. Sugerimos que você assista aos seguintes filmes, tendo em mente o que foi apresentado neste livro.

Laranja mecânica (*A Clockwork Orange*), direção de Stanley Kubrick, Estados Unidos, 1971.
O jardineiro fiel (*The Constant Gardener*), direção de Fernando Meirelles, Estados Unidos, 2005.
O senhor das armas (*Lord of War*), direção de Andrew Niccol, Estados Unidos, 2005.
O show de Truman (*The Truman Show*), direção de Peter Weir, Estados Unidos, 1998.
Transcendence: a revolução (*Transcendence*), direção de Wally Pfister, Estados Unidos, 2014.
Em nome de Deus (*Stealing Heaven*), direção de Clive Donner, Estados Unidos, 1988.
Visão: a vida de Hildegarda de Bingen (*Vision: aus dem Leben der Hildegard von Bingen*), direção de Margarethe von Trotta, Alemanha, 2009.

A pele que habito (*La piel que habito*), direção de Pedro Almodóvar, Espanha, 2011.

O capital (*Le Capital*), direção de Costa-Gavras, França, 2012.

2. No teatro, o dever é o tema central da peça de Bertolt Brecht: BRECHT, B. "A decisão". In: *Teatro completo*. São Paulo: Paz e Terra, 1988, vol. 3. Veja também a "resposta" de Heiner Muller: MULLER, H. "Mauser". In: *Quatro peças para teatro*. São Paulo: Hucitec, 1988. Ainda no âmbito do teatro, porém vindas do mundo grego, valem ser apreciadas, entre tantas outras, as peças *Antígona*, de Sófocles, e *Oresteia* ou *Oréstia*, de Ésquilo, que podem ser lidas em diferentes versões em língua portuguesa.

3. Na literatura, um grande número de obras trata do tema da ética e dos valores. Indicamos aqui apenas alguns títulos que ecoam aspectos trabalhados neste livro. Quanto às obras de autores estrangeiros, elas podem ser lidas em diferentes edições em língua portuguesa: *As naus*, de António Lobo Antunes; *Mineirinho* (conto), de Clarice Lispector; *O alienista*, de Machado de Assis; *Irmãos Karamazov*, de Dostoiévski; *O processo*, de Franz Kafka; *Grande Sertão: Veredas*, de João Guimarães Rosa.

LEITURAS RECOMENDADAS

CANTO-SPERBER, M. (org.). *Dicionário de Ética e Filosofia Moral*. Vários tradutores. São Leopoldo: Unisinos, 2015.
Tradução para a língua portuguesa de um dos melhores repertórios filosóficos de termos e conceitos éticos.

LIMA VAZ, H. C. *Escritos de filosofia IV: Introdução à ética filosófica 1*. São Paulo: Loyola, 2000.
Reconstrução histórica da Ética como ciência ou saber, partindo dos gregos antigos e chegando até os pensadores contemporâneos.

LIMA VAZ, H. C. *Escritos de filosofia V: Introdução à ética filosófica 2*. São Paulo: Loyola, 2000.
Reflexão sistemática sobre o que seriam as constantes observadas nas reflexões éticas estudadas no volume 1.

MACINTYRE, A. *Depois da virtude*. Trad. Jussara Simões. Bauru: Edusc, 2001.
O autor, um dos mais destacados especialistas na história do pensamento ético, estuda nesta obra a ideia antiga de virtude, algumas tentativas de superação no discurso moderno e contemporâneo e sua possível retomada.

MARCONDES, D. *Textos básicos de ética*. Rio de Janeiro: Zahar, 2007.

História da reflexão ética, centrada em momentos mais conhecidos e ricamente ilustrada por textos.

NERI, D. *Filosofia moral: manual introdutivo*. Trad. Orlando Soares Moreira. São Paulo: Loyola, 2004.

Procurando descrever a Filosofia Moral como disciplina, o livro expõe, na primeira parte, o que seriam os conceitos fundamentais de tal disciplina, bem como, na segunda parte, seus temas ou eixos centrais.

SAFATLE, V. *O dever e seus impasses*. São Paulo: WMF Martins Fontes, 2013.

Estudo da gênese do conceito de dever na filosofia moderna, com foco em problemas ligados ao desenvolvimento da noção de autonomia. A partir do recurso à Psicanálise e a certas críticas do formalismo moral, o autor procura mostrar as limitações de um conceito de dever de moldes kantianos.

SAVATER, F. *Ética urgente*. Trad. Newton Cunha. São Paulo: Sesc, 2015.

Reflexão ética dedicada aos jovens e aos leitores em geral, com base em temas urgentes, como as novas tecnologias, a Internet, a crise política, as contradições do capitalismo, o terror, a morte etc.

ZINGANO, M. *As virtudes morais*. São Paulo: WMF Martins Fontes, 2013.

Apresentação atualizada do tema aristotélico das virtudes morais, com releituras contemporâneas do tema e reflexões sobre o agir ético.